FACULTÉ DE DROIT DE TOULOUSE.

Acte Public

POUR LA LICENCE.

MARIE ESCUDIER,

IMPRIMEUR-LIBRAIRE, RUE SAINT-ROME, 26.

1835.

A MA MÈRE.

ACTE PUBLIC

POUR LA LICENCE,

En exécution de l'art. 4, tit. 2, de la loi du 22 ventôse, an 12.

SOUTENU PAR

M. Specht (Wilhelm),

Né à Francfort sur le Mein.

C'est à la loi seule que les hommes
doivent la justice et la liberté.
J.-J. Rousseau

JUS ROMANUM.

Inst. Lib. ii. Tit. xxv.

Testati vel intestati voluntas minùs solemnis quàm testamentum,
quæ vel in scriptis aut sine scriptis declaratur, rectè definiri possunt

codicilli. Primus fuit Lucius Lentulus qui , regnante Augusto, codicillos instituit , eosque testamento confirmavit ut fideicommissaria ab imperatore transmitteretur hæreditas. Illud multi secuti sunt exemplum ipsaque Lentuli filia lege non confirmata legata solvit. Ab Augusto deinde interrogati prudentes , an legitimus esset usus codicillorum, hunc legitimum ac necessarium esse responderunt propter magnas et longas veterum peregrinationes.

Non omnibus facere codicillos permissum erat , sed illis tantùm qui testandi jus habebant ; à testato tamen sicut ab intestato rectè condebantur. Qui subsequente testamento confirmarentur solùm valere codicillos ante testamentum factos, aiebat Papinianus. Sed ex Severi Antoninique rescriptis valent, si à voluntate quam anteà expresserat, apparet non recessisse testator. —In codicillis hæreditas directo nec dari nec adimi poterat , nec conditionem hæredi instituto adjicere licebat. Plures facere codicillos quisque potest et nulli ordinationis solemnitati subjiciuntur nisi eis solemnitatibus quæ in omni ultimâ voluntate esse debent, id est quinque testes , vel rogati , vel qui fortuitò venirent , uno eodemque tempore debent adhiberi , sive in scriptis sive sine scriptis voluntas conficiatur.

CODE CIVIL.

Liv. ii. Tit. ii. — *De la propriété.*

Dans l'état primitif de la société les choses s'acquéraient par la possession , se perdaient avec elle , et la possession se confondait alors avec la propriété ; mais le droit civil une fois établi , une grande distinction naquit entr'elles , la possession ne fut plus qu'un fait tandis que la propriété devint un droit.

La loi définit la propriété : Le droit de jouir et de disposer de sa chose de la manière la plus absolue; ainsi d'après cette définition le propriétaire peut tirer de sa chose tout le produit dont elle est susceptible, l'aliéner, la détruire même, tout autant néanmoins que cette destruction ne préjudicie qu'à lui seul, car dès le moment où l'usage trop étendu d'une faculté porte atteinte aux droits des autres, il doit être restreint dans de justes limites; aussi la seconde partie de la définition de la propriété vient-elle modifier la première en déclarant que ce pouvoir absolu de jouir et de disposer n'est accordé qu'à la condition qu'on n'en fera pas un usage prohibé par les lois.

Le pouvoir absolu sur la chose emporte nécessairement celui de la conserver tant qu'on le juge convenable; il n'est qu'un seul cas où le propriétaire puisse être contraint à l'aliéner, c'est lorsque cette aliénation est réclamée par l'utilité publique, mais dans ce cas même il ne peut être forcé de s'en dessaisir qu'après une juste et préalable indemnité.

CHAPITRE PREMIER.

Du droit d'accession sur ce qui est produit par la chose.

La propriété d'une chose soit mobilière, soit immobilière, s'étend à tout ce qu'elle produit, tout ce qui s'unit à cette chose accessoirement, naturellement ou artificiellement appartient au propriétaire comme la chose elle-même, et ce droit du propriétaire d'acquérir tout ce qui s'unit à sa chose se nomme droit d'accession. Mais si le propriétaire n'a pas fait lui-même les frais de culture, il n'acquiert les fruits qu'à la charge de rembourser les frais à ceux qui les ont faits. Celui qui est en possession d'une chose ou d'un fonds qui ne lui appartient pas, n'acquiert également les fruits de cette chose qu'autant qu'il possède de bonne foi. Les circonstances qui constituent la possession de bonne foi sont déterminées par la loi. Ainsi celui qui possède une chose en vertu d'un titre translatif de propriété dont il ignore les vices, exerce une possession de bonne foi, mais cette bonne foi cesse d'exister dès le moment où il acquiert connaissance des vices que renferme son titre.

CHAPITRE II.

Du droit d'accession sur ce qui s'unit à la chose.

Non seulement les produits, mais encore tous les objets mobiliers ou immobiliers qui s'unissent à la chose, appartiennent au propriétaire par droit d'accession.

Sect. i. — *Du droit d'accession relativement aux choses immobilières.*

C'est un principe général que la propriété du sol emporte la propriété du dessus et du dessous. Le propriétaire du sol peut planter et bâtir au-dessus, faire en un mot tous les ouvrages qui lui conviennent, pourvu qu'il se conforme aux règles prescrites dans le titre des servitudes. Il peut également faire au-dessous toute sorte de travaux et de fouilles; mais s'il ouvre des mines il devra se conformer pour leur exploitation, aux lois et réglemens de police. Ces droits du propriétaire ne font point obstacle à ce que des tiers prescrivent la propriété d'un souterrain sous le bâtiment d'autrui, ou de toute autre partie du bâtiment. Lorsque le propriétaire d'un fonds y fait des constructions ou plantations avec des matériaux qui ne lui appartiennent pas, le droit de les enlever paraîtrait naturellement devoir être accordé au maître de ces matériaux; néanmoins des motifs de convenance et d'utilité publique lui ont fait interdire cette faculté, et il a seulement une action contre le propriétaire pour le remboursement du prix et des dommages intérêts s'il y a lieu.

Le code prévoit aussi le cas où un tiers emploierait ses matériaux à faire des constructions sur le sol d'autrui; le propriétaire alors a le choix de conserver les constructions et d'en payer la valeur ou d'obliger celui qui les a faites à les enlever à ses frais. Il n'en sera pas de même si les constructions ont été faites par un possesseur de bonne foi qui a été évincé; dans ce cas le propriétaire devra conserver les constructions, mais il aura le choix de rembourser le prix des matériaux et de la main d'œuvre, ou bien une somme égale à celle dont le fonds aura augmenté de valeur.

L'alluvion est un accroissement qui se forme aux fonds riverains d'une manière imperceptible, il appartient au propriétaire de ces fonds que le fleuve ou la rivière soit ou non navigable ou flottable; mais l'alluvion n'a pas lieu à l'égard des lacs et étangs ni des délaissemens formés par la mer. Quant aux îles, il faut distinguer si elles sont formées dans une rivière navigable, flottable ou non : dans le premier cas elles appartiennent à l'état, dans le second aux propriétaires riverains du côté desquels l'île a été formée, ou pour moitié aux propriétaires de l'une ou l'autre rive si l'île se trouve au milieu. Mais lorsqu'une rivière entoure un champ et en forme une île, le propriétaire de ce champ en conserve toujours la propriété.

Il en est de même, si une portion considérable de terrain vient à être emportée par la force du courant et réunie à la rive opposée, elle continue d'appartenir au même propriétaire, pourvu qu'il la revendique dans l'année. Il ne le peut plus après ce délai, à moins que le propriétaire du fonds auquel elle a été unie, n'en ait pas encore pris possession.

Lorsqu'un fleuve ou une rivière abandonne subitement tout ou partie de son lit pour s'en creuser un autre, les propriétaires des fonds nouvellement occupés ont droit de prendre sur l'ancien lit, à titre d'indemnité, une part proportionnée au terrain qu'ils ont perdu. Certains animaux tels que les lapins, poissons et pigeons sont considérés comme l'accessoire des colombiers, garennes et viviers et appartiennent aux propriétaires de ces objets s'ils n'y ont été attirés par fraude ou artifice.

Sect. 2. — *Du Droit d'accession relativement aux choses mobilières.*

Lorsque deux choses mobilières, qui appartiennent à différens maîtres, sont unies l'une à l'autre, il est laissé à la prudence des juges, de décider en faveur duquel des deux maîtres aura lieu le droit d'accession. Le code ne contient à cet égard que quelques règles générales pour servir d'exemple. Le principe général en cette matière est que l'accessoire doit toujours suivre le principal, un seul cas excepté, celui où l'accessoire est beaucoup plus précieux : ainsi des boutons ont été mis à un habit, ils suivront l'habit si ce sont des boutons ordinaires, car ils n'en sont que l'accessoire, mais si ce sont des boutons en diamant, c'est l'habit au contraire qui les suivra, car ils sont d'une valeur bien plus précieuse.

La loi prévoit encore le cas de la spécification et celui du mélange des matières ; il y a spécification, lorsque avec la matière d'autrui on forme une chose d'une espèce nouvelle ; il y a mélange lorsqu'une chose a été formée par le mélange de plusieurs matières appartenant à divers propriétaires, et dont aucune ne peut être regardée comme la matière principale. Dans le cas de la spécification, la chose appartient au propriétaire de la matière en remboursant le prix de la main-d'œuvre, à moins que la main-d'œuvre ne soit beaucoup plus précieuse, auquel cas elle serait considérée comme la chose principale. Dans le cas du mélange, si les matières peuvent être séparées, celui à l'insu duquel elles ont été mélangées, peut demander la division, sinon le mélange est commun ; il doit être licité au profit de tous. On appliquerait toujours le principe général si l'une des choses pouvait être considérée comme principale.

Si la matière d'autrui a été employée à l'insu du propriétaire, il a droit à des dommages-intérêts ; et si ceux qui ont employé les matières les avaient volées, ils seront poursuivis par la voie criminelle.

CODE DE PROCÉDURE.

Liv. ii, Tit. x. — *De la Vérification des écritures.*

Les actes sous signature privée n'étant revêtus d'aucun caractère d'authenticité, la partie à laquelle ils sont opposés a le droit de les dénier, de là la nécessité de procéder à leur vérification. La vérification d'écriture est donc l'examen que l'on fait en justice d'un acte sous seing privé ou d'une signature apposée au bas d'un acte de ce genre, dans le but de reconnaître quel en est l'auteur.

Le premier devoir du demandeur qui veut obtenir la reconnaissance d'un écrit privé est de le faire enregistrer et notifier avec assignation à un délai de trois jours et sans permission du juge, à l'effet d'en obtenir la reconnaissance ou de le faire tenir pour reconnu, sauf au demandeur à supporter tous les frais si le défendeur ne dénie pas. Si le défendeur ne comparaît pas, il est donné défaut, et l'écrit est tenu pour reconnu; si le défendeur reconnaît l'écrit, le jugement donne acte de reconnaissance. Si au contraire l'écrit est méconnu, la vérification devra être ordonnée par titres, par témoins ou par experts. Le jugement qui ordonnera la vérification nommera trois experts si les parties ne sont pas d'accord sur le choix : il indiquera le juge qui devra procéder à cette vérification, et ordonnera que la pièce soit signée et paraphée par le demandeur, son avoué et le greffier qui en dressera procès-verbal. Le défendeur pourra prendre communication de la pièce trois jours après le dépôt; elle sera alors signée par lui, par son avoué ou par son fondé de procuration spéciale. Au jour indiqué par le juge-commissaire, la partie la plus diligente sommera l'autre de comparaître devant ledit commissaire pour convenir des pièces de comparaison : si les parties ne tombent pas d'accord relativement à ces pièces, le juge ne pourra recevoir comme telles que celles qui sont désignées dans l'art. 200 du Code. Si les pièces de comparaison sont entre les mains de dépositaires publics, il leur sera enjoint de les apporter ou bien d'en faire l'envoi après avoir rempli les formalités prescrites par l'art. 203. Les experts comparaîtront au jour et lieu indiqués par le juge-commissaire, sur la sommation qui leur en sera faite par la partie la plus diligente. Ils prêteront serment et procéderont à la vérification au greffe, et en présence du greffier et du juge, s'il l'a ordonné; mais jamais en présence des parties. Ils devront rédiger un rapport commun et motivé qui sera annexé au procès-verbal. S'il y a plus d'un avis il en sera fait mention sans qu'il soit permis de faire connaître de quel avis chaque expert a été. — On admettra pour témoins ceux qui auront ou écrit ou signé la pièce déniée, ou qui auront connaissance de faits de nature à éclairer les juges. La vérification par témoins se fait dans la forme prescrite pour les enquêtes.

S'il est prouvé que la pièce a été écrite ou signée par celui qui l'a déniée, il sera condamné à une amende de 150 fr. envers le trésor, à des dommages et intérêts envers le demandeur, et la contrainte par corps pourra même être prononcée contre lui pour le principal.

CODE DE COMMERCE.

TIT. VIII. — *De la Lettre de change.*

De l'Echéance.

Une lettre de change tirée à vue est payable à sa présentation : si elle est tirée à un ou plusieurs jours, mois ou usances de vue, l'échéance est fixée par la date de l'acceptation ou par la date du protêt faute d'acceptation; si elle est tirée à un ou plusieurs jours, mois ou usances de date, le délai court à compter du lendemain de sa date; la durée de l'usance est de trente jours : quant au mois il faut se conformer pour le nombre des jours au calendrier Grégorien.

Une lettre de change payable en foire est échue la veille du jour fixé pour la clôture de la foire, ou le jour de la foire si elle ne dure qu'un seul jour; si elle est échue un jour férié légal, elle est payable la veille. Tous les délais de grâce ou d'usage qui résultaient directement ou indirectement des dispositions de l'ordonnance de 1673, sont abrogés par le Code de commerce.

De l'Endossement.

L'endossement est la voie par laquelle on négocie une lettre de change, on en transmet la propriété. Il doit à peine de nullité avoir une date, exprimer la valeur fournie et le nom de celui à l'ordre duquel il est passé, il est écrit sur le dos de la lettre de change négociée. Si l'endossement est irrégulier, il n'est considéré que comme un simple mandat.

De la Solidarité.

La solidarité est de la nature du contrat de change, aussi le porteur d'une lettre de change a-t-il contre le tireur et chacun des endosseurs une garantie solidaire pour le paiement.

De l'Aval.

L'aval est un acte par lequel un tiers garantit le paiement d'une lettre de change ; le donneur d'aval est tenu des mêmes obligations que le tireur et les endosseurs, et solidairement avec eux ; mais comme son obligation est volontaire, elle peut être modifiée par les conventions des parties. L'aval est fourni sur la lettre même ou par acte séparé.

Du Paiement.

Une lettre de change doit être payée dans la monnaie qu'elle indique. Celui qui paie avant l'échéance est responsable de la validité du paiement : si au contraire le paiement est fait à l'échéance et sans opposition, celui qui paie est valablement libéré. Le porteur ne peut être contraint à recevoir son paiement avant l'échéance.

Le paiement fait sur une seconde, troisième, quatrième, est valable si elle porte que ce paiement annule l'effet des autres : celui qui paie ainsi sans retirer celle où se trouve son acceptation ne se libère pas à l'égard du tiers entre les mains duquel se trouve son acceptation.

Il ne peut être formé d'opposition au paiement d'une lettre de change qu'en cas de perte de la lettre ou de faillite du porteur. Dans le cas de perte, si la lettre n'est pas revêtue d'une acceptation, le paiement peut en être réclamé sur une seconde, troisième, quatrième : mais si la lettre est acceptée, il ne peut l'être que par ordonnance du juge et en donnant caution. Si le porteur ne peut représenter une seconde, troisième, quatrième, il peut néanmoins être autorisé par le juge s'il justifie de sa propriété par ses livres et s'il donne caution. L'engagement de la caution cesse après trois ans, si pendant ce délai il n'a été fait aucune poursuite juridique.

Le propriétaire de la lettre de change perdue, au cas où on lui en refuse le paiement, doit pour conserver ses droits faire un acte de protestation le lendemain de l'échéance et le notifier au tireur et aux endosseurs dans les formes et délais prescrits pour la notification du protêt.

Il est interdit aux tribunaux d'accorder des délais pour le paiement d'une lettre de change.

Du paiement par intervention.

Lors du protêt d'une lettre de change, la loi permet à tout intervenant de la payer pour le tireur ou pour l'un des endosseurs. L'intervenant se trouve alors subrogé à tous les droits du porteur et tenu de remplir les mêmes formalités ; l'intervention est mentionnée dans le protêt ou à la suite de l'acte. S'il y a concurrence pour le paiement on préfère celui qui offre le plus de libération ; mais si celui sur lequel la lettre de change a d'abord été tirée vient à se présenter, il obtiendra la préférence sur tous les autres. Si le paiement par intervention est fait pour le compte du tireur, il libère tous les endosseurs ; s'il est fait pour l'un des endosseurs, il ne libère que les endosseurs subséquens.

Cette thèse sera soutenue le 31 juillet 1835, à 10 heures du matin.

Vu par le Président de la Thèse,

MALPEL.

Toulouse.—Imprimerie de Marie ESCUDIER, rue St-Rome, n° 26.